Mahshid Risseh

O Estudo da Alma na Clonagem Humana

Mahshid Risseh

O Estudo da Alma na Clonagem Humana

ScienciaScripts

Imprint

Any brand names and product names mentioned in this book are subject to trademark, brand or patent protection and are trademarks or registered trademarks of their respective holders. The use of brand names, product names, common names, trade names, product descriptions etc. even without a particular marking in this work is in no way to be construed to mean that such names may be regarded as unrestricted in respect of trademark and brand protection legislation and could thus be used by anyone.

Cover image: www.ingimage.com

Este livro é uma tradução do original publicado sob ISBN 978-3-330-06608-3.

Publisher:
Sciencia Scripts
is a trademark of
International Book Market Service Ltd., member of OmniScriptum Publishing Group
17 Meldrum Street, Beau Bassin 71504, Mauritius
Printed at: see last page
ISBN: 978-620-3-34807-1

Conteúdos

Abstrato

Hoje em dia, a clonagem humana é uma das questões mais importantes e desafiantes do conhecimento humano do ponto de vista científico, ético e legal.

De acordo com descobertas científicas, a simulação humana[1] tem sido realizada em várias modas com tecnologias avançadas. Um destes métodos é a simulação de células humanizadas de um adulto que pode ser muito semelhante à humanização genética, mas o tema de interesse é estudar se o clone é de alma e personalidade independente da célula doadora. A definição dos direitos e deveres de um clone depende da resposta a esta questão.

Neste artigo, tenta-se responder a esta pergunta sobre o conceito e a natureza da alma e da personalidade na perspectiva do Alcorão e da psicologia.

Palavras-chave: Alma, Alcorão, clonagem humana, psicologia

---

[1] A simulação foi contabilizada como sinónimo de clonagem

Introdução

Ao longo da história humana, a emergência de descobertas, invenções ou novas teorias tem sido sempre seguida por uma frustração epidémica de valores, oposição e tumulto na sociedade.

Ainda não foi feito um estudo abrangente e exaustivo de alguns problemas relativos à simulação.

A simulação, em particular a simulação do ser humano como um novo fenómeno no campo da biotecnologia, levantou várias questões. Obviamente, entrar nesta área sem conhecer a natureza desta tecnologia é inviável. A clonagem significa a reprodução não sexual que é feita através da engenharia genética em plantas, animais e bactérias para a produção em massa de alta qualidade. A clonagem é uma das descobertas humanas mais avançadas nos campos da ciência médica e da engenharia genética, que em cada etapa do seu progresso é muito controversa.

Em 1997, a revista Natural Science nomeou a simulação como a realização científica mais importante do ano e apontou, abriu um novo horizonte aos cientistas no campo da genética com muitas realizações científicas brilhantes para melhorar as vidas humanas.

Aparentemente, a ciência da reprodução tem uma história mais antiga do que a concebida e pode ser definitivamente reivindicada quando o [2]corte de plantas foi feito por seres humanos pela primeira vez, a simulação foi feita por ele.

Anos atrás, muitos cientistas começaram a estudar plantas e animais até que John Gurdon em 1962 apresentou o seu primeiro relatório de clonagem, afirmando ter sido capaz de criar o primeiro sapo simulado. [3]

Os cientistas poderiam clonar os sapos e criar espécimes semelhantes que tenham características genéticas de apenas um dos pais. Posteriormente, os ratos clonados pela primeira vez na década de 1980

---

[2] https://www.dnalc.org/view/16992-Cloning-101.html

[3] *Sir John Gurdon: Padrinho da Clonagem*. The Rockefeller University Press, n.d. Recurso na Internet. https://www.ncbi.nlm.nih.gov/pmc/articles/PMC2315664/

e nos anos seguintes, os cientistas puderam simular outros animais como cavalos e vacas até que a ideia original da clonagem humana foi inventada, quando um cientista escocês conseguiu simular uma ovelha chamada Dolly em 1996. [4]A difusão deste importante evento atraiu a atenção de círculos médicos, religiosos, políticos e outros do mundo.

Eventualmente, nos últimos dias de 2002, foram transmitidas notícias em telexes internacionais e redes globais que poderiam ser chamadas de "terramotos científicos", notícias que tiveram reacções extremamente inesperadas em todo o mundo. A agência noticiosa BBC News na secção de notícias científicas da noite de 27/12/2002 publicou um comunicado informativo intitulado "O Primeiro Homem da Criatura da Humanidade". Poucas horas após o envio da notícia , o Presidente francês, alemão, italiano, o Papa João Paulo II, a Universidade Egípcia de Al-Azhar, o Templo de Lhasa, o Dalai Lama Tibetano e o líder dos xiitas libaneses opuseram-se a este acontecimento protestando e criticando o nascimento do primeiro ser humano simulado. [5]

A menina, nascida de uma mulher americana de 31 anos fora dos Estados Unidos chamada Eve. Brigitte Boisselier, a presidente do Clonaid's Research Institute numa conferência de imprensa na Florida, transmitiu esta notícia sem expor qualquer fotografia do bebé. [6]

Clonaid[7] , uma empresa americana de clonagem relatou o primeiro nascimento simulado de um ser humano. De acordo com as declarações da Sra. Boisselier, o bebé nasceu sob a forma de parto cesáreo e a mãe

---

[4] https://www.scientificamerican.com/article/20-years-after-dolly-the-sheep-led-the-way-where-is-cloning-now/

Devido à onda de protestos, o Professor Ian Wilmut que clonou a Dolly a partir de uma célula adulta decidiu substituir outra técnica menos controversa e desenvolvida no Japão, neste método as células estaminais são criadas a partir do fragmento de pele. https://www.theguardian.com/science/2007/nov/17/stemcells Na actual investigação sobre células estaminais que tem sido discutível, a utilização de embriões humanos é necessária. Ao contrário deste método, o novo método não implica embrião humano. *"Detalhes completos da nova técnica ainda não foram revelados, mas Wilmut (Criador da Dolly) descreveu-o como extremamente excitante e espantoso".*

5 Nobakht, Mohammad.Moradi Ehsan, Clonagem humana dos pontos de vista de diferentes religiões, 1385.p267/8
http://eprints.ajaums.ac.ir/2030/1/1_split_14.pdf
6 https://www.cbsnews.com/news/eve-first-human-clone/
7 http://raelian-truth.blogspot.de/2017/07/raelpressorg-scrubs-clonaid.html

e a menina eram saudáveis. Ela descreveu a forma de trabalhar de acordo com o método de simulação da Dolly, sem explicações detalhadas.

O que mais atraiu foi o que a Sra. Boisselier alegou nos dias seguintes, quatro outros bebés simulados nasceriam na Europa! Com todos estes acontecimentos, ninguém viu Eve fora do Instituto Clonaid e a imagem deste bebé não foi exposta a assembleias científicas. Por outro lado, muitos estudiosos hesitam basicamente na capacidade científica de criar um ser humano simulado. Eles acreditam que muitas das barreiras existentes, especialmente no caminho do ser humano, são tão sérias que toda a reivindicação do Instituto Clonaid pode ser um espectáculo de propaganda.

Sem dúvida, a simulação de seres humanos, em primeiro lugar, tem estado ligada à natureza da dignidade humana, personalidade e valores, e não muitos acontecimentos na história da humanidade têm sido tão desafiantes e controversos. [8]

É reconhecida enquanto a simulação se limitar a animais e plantas, não só é incontestável mas também honrada, ao mesmo tempo que é controversa quando se trata de clonagem humana. Geralmente, "quando as agências noticiosas e os meios de comunicação publicam notícias controversas sobre a simulação, começa a surgir uma onda de perguntas e desacordos sobre este fenómeno. A explicação de todos os comentários e posições está para além do âmbito do presente artigo.

Antes dos chamados comentários, uma compreensão básica dos vários tipos de métodos de clonagem contribui para saber se estes actos são contra as moralidades éticas e religiosas. As reflexões das Igrejas Católicas, pontos de vista dos estudiosos sunitas e merdosos serão discutidas respectivamente.

---

[8] Nobakht, Mohammad.Moradi Ehsan, Clonagem humana dos pontos de vista de diferentes religiões, 1385.p268/9 http://eprints.ajaums.ac.ir/2030/1/1_split_14.pdf

Capítulo Primeiro

Várias abordagens à clonagem

A: Pontos de vista não-muçulmanos e muçulmanos sobre a simulação humana

Igreja 1-Católica

Desde que a atenção à genética e aos seus ramos, incluindo a simulação, aumentou, temos testemunhado uma sensibilidade especial nas crenças de grupos religiosos, tais como os católicos e muitos muçulmanos. [9]

A Igreja Católica condena qualquer tentativa de simulação definitiva de seres humanos e considera-a inconstitucional e contrária à dignidade humana. A sua atitude não vê qualquer diferença entre clonagem humana e tratamentos genéticos, abandonando assim ambos, acreditando que o feto existente é destruído, o que é contrário aos direitos humanos muito básicos concedidos, o direito à vida. Assim, a Igreja Católica declarou a sua oposição definitiva a este assunto, o que poderia, até certo ponto, refrear os cientistas de novos desenvolvimentos nesta área.

Consequentemente, as críticas à Igreja Católica levaram a objecções divinas e morais cuja maior dificuldade é a degradação da dignidade humana, a utilização dos recursos humanos, a desgraça dos valores e o papel da família. A base para a oposição da Igreja Católica à simulação humana é fundamentalmente semelhante às suas objecções ao aborto e à eutanásia (morte por piedade). [10]

2- Perspectivas dos estudiosos muçulmanos

Todos os estudiosos islâmicos permitiram o reconhecimento da clonagem médica, enquanto que os que discordam da simulação humana e os que consideram a simulação humana como proibida, instituíram razões legais, divinas, éticas, sociais e psicológicas para tal. Expressando opiniões

---

[9] A Igreja Católica, bem como os estudiosos muçulmanos, prestaram atenção específica às instituições da família e às suas características divinas

[10] Eslami Hasan, Mohaghegh Damad, Mostafa, Cloning from the view of jurisprudence and ethnics, Medicine Rights Quarterly, Beheshti University press, First Edition, Fall 1386.p.13

concorrentes e opostas, as opiniões dos estudiosos xiitas e sunitas devem ser exploradas separadamente:

2-1: *Opiniões dos sunitas*

A jurisprudência sunita considera unanimemente a clonagem humana como uma violação da dignidade humana e considera-a um acto imoral ilegítimo, na medida em que o Conselho de Jurisprudência Islâmica trata quem está empenhado no projecto de clonagem como guerreiro com Deus. [11]

A Assembleia de Al-Bahu al-Islamiyyah, filiada na Universidade de Al-Azhar, emitiu um consenso e impôs sanções aos governos para pôr fim ao fluxo. O secretário-geral de Al-Alam al-Islami, com sede em Meca, o conselho judicial malaio e a Associação Europeia de Investigação e Desenvolvimento, denunciaram a tecnologia e condenaram esta prática.

Eles consideram a simulação humana como um meio de minar as crenças religiosas, interferir na criação de Deus, destruir a dignidade humana, confundir a vida familiar e quebrar a linhagem da humanidade ao ponto de alguns estudiosos sunitas considerarem a simulação de seres humanos como *moharebeh*[12] e, para aqueles que o fazem, *o Hodood*[13] será imposto. Alguns até consideram os executantes da simulação como militantes e consideram a amputação como o castigo mínimo. [14]

A jurisprudência sunita tomou precauções e considera preferível a simulação para a produção de células estaminais para atingir tecidos ou órgãos, enquanto a produção de Fetus é a exploração de órgãos e é contrária à dignidade humana. [15]

---

[11] Ameri Nia,Muhamad Bagher, Cloning in the mirror of Jurisprudence, ethnic and Law, Rahe Sabz ,1386.p.129-

[12] محاربه و فساد فى الارضMoharebbe é um crime no Islão e foi legislado durante a Profecia de Maomé (que a paz esteja com ele) em Medina, quando alguns grupos de bandidos atacaram pessoas e as mataram. Tem origem no Verso 33 Surah Maedeh; a punição daqueles que lutam contra Deus e o seu mensageiro é matar, enforcar, amputar ou exilar.

[13] Faz parte do Código Penal Islâmico que se aplica a actos contrários à castidade, à ética ou à moral e tem punições fixas. Crimes como Adultério,Apostasia,Sodomia e Moharebeh são puníveis com Hodood.

[14] Ahmad Khan Beygy Khadijeh, Mazaheri Mohammad Mahdi .Clonagem Humana e as Vistas das Autoridades Religiosas,Jornal Ilahiat,No 5,1378.p.98
Também: http://www.parsine.com/fa/news/20817/
Eles acreditam que as mãos e os pés do criminoso devem ser cortados transversalmente

[15] Sadeghi Mahmood ,Simulação do ponto de vista das Religiões Celestiais e levantamento do ponto de vista da Jurisprudência no Direito e na Filosofia, Samt publicaitons.1383.p.74.

As provas teológicas mais importantes dos estudiosos islâmicos contra a simulação do homem podem ser afirmadas como se segue:

1. Dúvida na Criação

2. Ilusão milagrosa

3. Possibilidade de politeísmo

4. Eliminar a variedade de espécies criadas

5. brincar com criaturas por modificação genética

6. Eliminar a necessidade de reprodução

7. Desordem em Genealogia

8. Eliminação das regras de pensão de alimentos e herança

9. Desconsiderando a estrutura do casamento e da família

10. Promover a reprodução ilegítima

11. Promulgação da homossexualidade

12. Criação de oportunidades para actividades criminosas

2-2: Vistas xiitas

O pensamento dehias divide-se em duas categorias:

1) Discussões jurídicas e argumentos analíticos

2) Ideias curtas e uma frase contendo apenas as decisões jurisprudenciais

Não há unanimidade na jurisprudência xiita sobre o assunto e os conceitos variam desde a recusa absoluta até à aceitação total. Estes pontos de vista em divisões gerais são os seguintes:

(A) Licença absoluta para a clonagem humana; (B) Limites à clonagem humana; (C) Proibição secundária da clonagem humana; (D) Proibição primária da clonagem humana

A revisão completa dos comentários não está incluída no âmbito deste artigo, sendo assim brevemente mencionada:

2-2-A: Licença absoluta para clonagem humana

O consenso dos juristas islâmicos contemporâneos é o de abraçar a clonagem, enquanto alguns juristas a proibiram de preferência. Muitos juristas xiitas concordam com a simulação e acreditam que ela está de acordo com as regras e princípios da Shits[16] . Os defensores da "lógica da simulação legítima baseiam-se no facto de que a simulação é um fenómeno novo para o qual nenhum recurso, sentença ou mandamento poderia ser encontrado nos recursos islâmicos.[17] Não há recusa nem aprovação da simulação, mas de acordo com o princípio "Ibaha[18] in problmes", que é anterior ao princípio "Proibição", não nos é permitido proibi-la.

Verso 116 Surah An-Nahl [19]

Não lhe é permitido legitimar oulegitimar algo e atribuí-lo a Deus. É um grande pecado mentir contra Alá. Aqueles que mentiram ao seu Deus nunca verão a salvação.

Asef Mohseni[20] legitima a clonagem quando uma rapariga virgem através da sua própria célula física pode ter um bebé. Ele acredita que o clone é considerado o seu próprio filho, ou seja, a filha da pessoa principal com a diferença de que o clone será sem pai. Ele sustenta que um clone em

---

[16]Khalife poor Mianji Maryam, Razi Mahdi, Estudo comparativo da simulaiton humana a partir dos pontos de vista dos xiitas e sunitas. Jornal Trimestral de Investigação Jurídica. 1394.p. 285

[17] Alcorão, Sunna (Os discursos e escritos do profeta e dos seus doze sucessores durante as suas vidas), Consenso e Raciocínio são as quatro principais fontes a que os muçulmanos xiitas se referem quando têm problemas em códigos religiosos
http://makarem.ir/compilation/reader.aspx?mid=68785&catid=6574

[18] الاباحه اصاله; Sempre que temos dúvidas sobre permissão ou falta de permissão em algo, seguimos este princípio e consideramos o acto como permissível, uma vez que precisamos de um texto islâmico explícito para proibir um acto, caso contrário somos autorizados a praticá-lo. Por outras palavras, quando dois princípios tais como Permissão ou Proibição entram em conflito entre si e não existe nenhuma regra anterior no Islão, consideramo-lo permissível.

[19] وَلاَ تَقُولُواْ لِمَا تَصِفُ أَلْسِنَتُكُمُ الْكَذِبَ هَذَا حَلاَلٌ وَهَذَا حَرَامٌ لِتَفْتَرُواْ عَلَى اللَّهِ الْكَذْبَ إِنَّ الَّذِينَ يَفْتَرُونب عَلَى اللَّهِ الْكَذْبَ لاَ يُفْلِحُونَ

[20] O Ayatollah Mohammad Asef Mohsen Hassani é um dos poucos shi'a religiosos estudiosos que considerou cuidadosamente a simulação humana, Jurisprudência e explicação do problema, Qum, Primeira Edição p.409

termos de dignidade humana é de todas as regras e que o abuso dos seus órgãos é proscrito.

2-2-B: Licença limitada para simulação humana

De acordo com este grupo de estudiosos da merda, a clonagem humana é permitida devido ao princípio *Ibaha*[21] , afirma o Ayatollah Mohammad Ibrahim Jannati: "Se o uso da simulação for generalizado, há consequências graves que não são negligenciáveis, enquanto que o âmbito limitado não tem um resultado crítico.[22] "

O grupo acima mencionado legitima a simulação, embora a clonagem generalizada e extensa conduza a uma aparente semelhança e cause problemas críticos significativos que são destrutivos para os seres humanos, pelo que consideram a simulação como um caso específico para certos casos, enquanto que é ilegal a nível macro e de fábrica.

A segunda perspectiva neste resumo é a permissão da clonagem humana a um nível limitado, enquanto a produção em massa pode ser proibida devido aos efeitos devastadores na sociedade.

2-2-C: Proibição secundária de simulação:

Os detentores da proibição secundária de simulação consideram-na como legalmente per se de acordo com o *Isalat Ibaha* , enquanto que a sua aplicação seria discutível. Este grupo é mais conservador do que o anterior, pelo que o consideram como secundário proibido.

Ayatollah Kazem Haeri ,Seyyed Sadegh Shirazi ,Yusuf Sanei e Nasser Makarem Shirazi são honras de segunda classe dos seres humanos. [23]

2.2.D: Proibição primária de simulação

---

[21] É um dos princípios principais da Jurisprudência Islâmica que significa permitido e a pessoa é livre de fazer ou deixar a prática, ou seja, neutra

[22]Janati Mohammad Ibrahim, Conversas com o Ayatollah Mohammad Ibrahim Jannati, Quarterly Jurisprudence - Um novo inquérito em Jurisprudence, No 46- p.17

[23] Tabatabayee Mohammad Sadegh, Mir Ahmadi Maryam, Study of practical sentence of human cloning No Seven, 1392.p.217

http://law.tabrizu.ac.ir/article_2066_99b649716810c773f8e8670d1330a0d5.pdf

Ao contrário dos três pontos de vista acima mencionados que não consideram a simulação como absolutamente proibida, o último grupo não prevê qualquer licença de simulação legítima.

Os seguidores[24] desta teoria, referindo-se aos versos 22 Surah Ar-Rum[25] e 13 Al-Hujurat[26] e uma concepção interpretativa dos mesmos distinguem entre diferentes criaturas e presumem que o sistema de criação se baseia nestas dissemelhanças, enquanto que a simulação perturba o sistema de criação e o caos que se segue. [27]

Este grupo acredita que a aparência física é a única forma de distinguir os humanos.

B: O Raciocínio dos Advogados

Tal como se observa nas crenças de Shits, o primeiro grupo defende a ideia de aceitação absoluta da clonagem. Para evitar distracções e para a ordem de classificação, foi escrito ao longo de outros grupos de merda. Os defensores sunitas não admitem o raciocínio dos opositores, ao mesmo tempo que se referem ao versículo 119 de Surah An-Nisa[28] . Eles

---

[24] Entre a jurisprudência xiita, tais como Ayatollah Tabrizi e Allameh Mohammad Mehdi Shams al-Din

[25] وَمِنْ آيَاتِهِ خَلْقُ السَّمَاوَاتِ وَالْأَرْضِ ٱلْ وَاخْتِلافُ أَلْسِنَتِكُمْ وَأَلْوَانِكُمَاتْ إِنَّ فِي ذَلِكَ لَآيَاتٍ لِّلْعَالِمِينَ

"E dos Seus sinais é a criação dos céus e da terra e a diversidade das suas línguas e das suas cores". De facto, nisso estão os sinais para os do conhecimento". https://quran.com/30

[26] يَا أَيُّهَا النَّاسُ إِنَّا خَلَقْنَاكُم مِّن ذَكَرٍ وَأُنثَى وَجَعَلْخَبَاكُمْ شُعُوبًا وَقَبَائِلَ لِتَعَارَفُوا إِنَّ أَكْرَمَكُمْ عِندَ اللَّهِ أَتْقَاكُمْ إِنَّ اللَّهَ عَلِيمٌ خَبِيرٌ

"Ó humanidade, de facto criámos-vos de homens e mulheres e fizemos-vos povos e tribos para que vos conheçais uns aos outros. Na verdade, o mais nobre de vós aos olhos de Alá é o mais justo de vós. Na verdade, Alá é Conhecedor e Conhecido" https://quran.com/49

[27]Musavi Bojnourdi Seyed Mohammad, Opiniões judiciais sobre inseminação artificial, Colecções de veredictos judiciais sobre assuntos jurídicos, Qum, Centro de Investigação de Jurisprudência - Deputado de Educação e Investigação do Poder Judiciário, Volume 1, Primeira Edição, 1381, p.321

[28] وَلَأُضِلَّنَّهُمْ وَلَأُمَنِّيَنَّهُمْ وَلَآمُرَنَّهُمْ فَلَيُبَتِّكُنَّ آذَانَ الْأَنْعَامِ وَلَآمُرَنَّهُمْ فَلَيُغَيِّرُنَّ خَلْقَ اللَّهِ وَمَن يَتَّخِذِ الشَّيْطَانَ وَلِيًّا مِّن دُونِ اللَّهِ فَقَدْ خَسِرَ خُسْرَانًا مُّبِينً

"E eu os induzirei em erro, e despertarei neles desejos [pecaminosos], e os comandarei para que cortem as orelhas do gado, e os comandarei para que mudem a criação de Alá. "E quem quer que tome Satanás como aliado em vez de Alá, certamente sofreu uma perda evidente" https://quran.com/4

consideram tal impressão do aparecimento do Alcorão superficial, que é uma simples inferência dos seus textos. [29]

Eles afirmam em resposta: "É evidente que a vida é apenas uma questão de Deus, não se pode afirmar que apenas certas formas garantem a vida humana. Inventar novas tecnologias através da clonagem não está a interferir nos assuntos de Deus e é melhor estudar a simulação humana juntamente com a simulação animal do que proibi-la ou ser-lhe alheio. [30]Isto significa que a simulação é semelhante a uma faca dupla que pode ser uma ferramenta de crime ou um utensílio útil para cortar coisas.

Apesar disso, a simulação tem muitas vantagens, ao contrário dos pontos negativos imaginados para ela:

Com a ajuda da tecnologia de simulação, as gerações extintas podem ser salvas, a produção em massa de alguns animais domésticos cuja manutenção é fácil, barata e benéfica para o progresso da genética será provável. Os objectivos da simulação incluem a possibilidade de rejuvenescimento, ajudando a prevenir ataques cardíacos, utilizando células estaminais para reparar células cerebrais, tratando a infertilidade, genes defeituosos, cancro e algumas aplicações militares. [31]

Como anteriormente referido, há muitas ideias sobre a simulação humana que tratam da imposição de sanções ou do apoio a este acto, enquanto a questão da alma na clonagem ainda não foi abordada, que será discutida posteriormente.

---

[29] Khalife poor Mianji Maryam, Razi Mahdi, Estudo comparativo da simulação humana do ponto de vista da jurisprudência xiita e sunita. P.285
[30] Ameri Nia,Muhamad Bagher, Cloning in the mirror of Jurisprudence, ethnic and Law, Rahe Sabz ,1386.p.149
[31]Para mais informações, por favor leia: W.Brock Dan, Cloning Human Beings, An Assessment of the Ethical Issues pro and con, p. E-7
https://bioethicsarchive.georgetown.edu/nbac/pubs/cloning2/cc5.pdf

Capítulo Segundo

A: Várias Técnicas de Clonagem

Em geral, as técnicas de simulação podem ser divididas em três métodos:

1. Abordagem Sexual

O método sexual é o tipo de replicação mais prevalente em que um óvulo é dividido em duas células, cada uma delas quando colocada no útero e passa a idade fetal criará um ser humano semelhante. Uma destas duas células pode ser resgatada num local de congelação seguro e anos mais tarde, se os pais estiverem interessados em fazê-lo, irão colocá-la no útero da mãe, daí que os filhos da família serão bastante semelhantes e só terão diferença de idade.

Este método é uma forma natural pela qual as células sexuais (óvulos e esperma) interferem com o desenvolvimento de óvulos e a formação do embrião. Estas células são idênticas e serão semelhantes em todos os traços e características e podem ter muitas crianças idênticas.

2. Abordagem não sexual

Em vez de fertilizar células sexuais masculinas e femininas, este método utiliza um óvulo e uma célula estaminal em vez de espermatozóides para produzir óvulos. Remove todo o núcleo do óvulo e substitui-o pelo núcleo da célula somática (ou seja, a informação genética da célula somática é transmitida para o óvulo). Agora o óvulo começa a replicar-se com o novo núcleo e eventualmente o embrião com características de célula somática é atingido. Neste tipo de replicação, são utilizadas células maduras.

O núcleo de uma célula fertilizada é removido e substituído pelo núcleo de uma célula madura. Cada célula do corpo humano tem a informação necessária para produzir outro humano, mas as células de cada tecido utilizam apenas a informação relevante do mesmo tecido. Por exemplo, a célula cutânea, apesar de ter toda a informação genética de uma pessoa, utiliza apenas informação do tecido cutâneo, enquanto os genes associados a outros tecidos são silenciosos. Sempre que o núcleo desta célula madura é inserido no ovo fertilizado, os genes silenciosos tornam-se activos e produzem seres humanos com as características genéticas do adulto.

O embrião resultante recebe da mãe a parede celular e o seu conteúdo, excepto o ADN, e nascerá no parto natural ou cesariana após nove meses de gravidez. Isto será prático de duas maneiras:

2-1: *Simulação de Embriões*

Este método denominado Clonagem Embrionária ou Clonagem Terapêutica. Após a substituição do núcleo e a sua estabilização com a ajuda de químicos e electricidade, o óvulo cresce e após cerca de cinco dias da formação do esperma, certas células (células estaminais) são utilizadas para simular ou testar . Estas células têm quase a capacidade de produzir qualquer tipo de célula no corpo humano. Utilizando estas células específicas, os cientistas esperam poder descobrir o tratamento definitivo de doenças cardíacas, tipos de cancro, Alzheimer e algumas outras doenças incuráveis.

Neste caso, o embrião é simulado para investigação em laboratório e o seu objectivo não é criar um ser humano semelhante à pessoa em questão, mas sim analisar e estudar as doenças humanas e encontrar métodos de prevenção de doenças antes do nascimento da criança. [32]

2-2: *Simulação de Nascimento ou Clonagem Reprodutiva*

"Dolly" foi o primeiro mamífero e ovelha clonados por este método. Os cientistas da série Somatic Cell Nuclear Transfer, conhecida como Transmission of Cellular Cellular Crystals, transmitem a especificação genética ao esperma, ao qual foram removidas todas as suas propriedades genéticas. Obviamente, o novo esperma deve ser sujeito a precauções eléctricas e químicas especiais para se reproduzir. Após o embrião atingir um nível aceitável de crescimento, será movido para o útero de uma fêmea animal e continuará o crescimento natural até ao nascimento.

---

[32] Islami Seyed Hasan, Human cloning from the view of Catholics and Muslims, 1388.pp. 208-215

2-3: Simulação de órgão ou célula

Neste método, uma célula é escolhida de um órgão específico do ser vivo como a pele ou o rim com todo o seu conteúdo; incluindo a casca exterior, o citoplasma e o núcleo que consiste em cromossomas específicos e colocado num novo local artificial para utilizar alimentos artificiais e replicar células semelhantes. Como resultado deste processo, é criado um novo órgão, como um pedaço de pele ou rim, com todas as características do órgão a partir do qual a célula foi seleccionada. Este novo método é utilizado para o tratamento de pacientes.

Capítulo Terceiro

A alma da simulação do ponto de vista da psicologia

A: Definição de personalidade

O tema do estudo da psicologia foi o primeiro psiquismo. Por conseguinte, o título de psicologia pode ser denominado psíquico, mas a psicologia moderna não está interessada em examinar estas questões e concentra-se no comportamento. Por esta razão, algumas pessoas acreditam que a teoria do comportamento deve ser substituída pelo título de psicologia. [33]

O estudo da alma na psicologia moderna requer abordagens da ciência natural nas quais a experiência é de posição primária. Para examinar a alma humana, a *personalidade* em psicologia pode ser definida que o Alcorão Sagrado considera como "Shakilat". [34]

Sob o versículo 84 de Sura Al-Isra, [35]

Diga: "Todos se comportam de acordo com a Sua maneira e disposição. O Vosso Senhor sabe melhor. "

Neste versículo, a origem das acções e comportamentos humanos é considerada a sua Shakila. Reflectindo sobre o verso, pode-se inferir que o termo *shakila é o mesmo que personalidade*. [36]No dicionário, várias definições tais como humor, forma de comportamento, intenção, missão c estrutura foram contadas para ele. Uma das definições do erudito pode ser suficiente neste âmbito:

---

[33]Navidi Muqadam Masoud, Pychology ou a ciência do Ego.1394.
C:\Users\Master\AppData\Local\Temp\javanonline.ir_720337.mht
[34]*" Shakilat" em léxico significa forma, caminho e forma*

[35] قُلْ كُلٌّ يَعْمَلُ عَلَى شَاكِلَتِهِ فَرَبُّ‌ُّكُمْ أَعْلَمُ بِمَنْ هُوَ أَهْدَى سَبِيلًا

Diz: "Cada um trabalha à sua maneira, mas o vosso Senhor é quem melhor se orienta no caminho" https://quran.com/17

[36] A personalidade vem de uma pessoa que é um instrumento de diferenciação, por outras palavras; as características especiais formadas nos humanos que os fazem comportar-se de forma diferente é o mesmo que a personalidade (Shakila)

"*Shakila* é a estrutura de uma unidade de comportamentos humanos formada pela interacção da herança, ambiente e discrição de uma forma que interpreta os estímulos ambientais e responde a eles de uma forma particular". [37]

As diferentes fases de formação do *shakilat* são mencionadas nos versos 12 a 14 do Surah Al-Mu*'minoon*, que serão referidos na secção seguinte do verso do Alcorão.

Após estas breves explicações introdutórias, estas questões são levantadas:

É possível simular uma pessoa com as suas próprias características físicas e de personalidade?

O clone é uma cópia perfeita da pessoa em questão ou são semelhantes em personalidade e comportamento?

Será possível reanimar pessoas como Hitler ou Einstein?

Se as respostas forem positivas, muitas desvantagens e ameaças apresentadas pelos opositores são válidas, mas se não for esse o caso, então não há lugar para tal controvérsia e os muitos benefícios deste método podem ser explorados.

Primeiro, o conceito de personalidade precisa de ser abordado; A personalidade é um dos conceitos da psicologia que tem sido capaz de coexistir com muitas das descobertas psicológicas.

Uma definição dada num dos livros de psicologia mais autorizados: A personalidade pode ser enquadrada como certos padrões de pensamentos, emoções e comportamentos que definem um estilo único de reacção de cada indivíduo ao ambiente material e social. [38]

---

[37] Ahmadi Ali Asqar, The Definition of personality ou Shakilat, 1394
Também: Ahmadi Ali Asqar, Personalidade do ponto de vista islâmico, Amir Kabir Publication,Primeira Edição,1368.p.21
[38] Atkinson Ricahrd, Hilgards Ernest, Introduciton to Psychology, 1383.vol second.p.104. Tradução de Dr.Ganji

B: Factores influentes na personalidade humana

Existem diferentes teorias relativas a factores eficazes sobre a personalidade, Primeiro grupo detém factores genéticos são influentes na formação da personalidade humana, o que inclui comportamentos individuais e sociais, dependendo do padrão genético herdado do pai, por exemplo, se um pai é inteligente, o filho também será inteligente. Este grupo acredita no determinismo genético (biológico). [39]

 O segundo grupo, conhecido por acreditar em factores ambientais, aprova factores sociais e experiências humanas como determinantes dos "comportamentos das pessoas, enquanto que o impacto dos factores genéticos não é considerável. As diferenciações de personalidade das pessoas dependem da experiência periférica das mesmas com diferentes origens sociais, étnicas e culturais. Provando a sua afirmação, apontam para um tipo particular de comportamento observado nas crianças, mas não nos pais.

O último grupo argumenta, dados os comportamentos que os indivíduos apresentam, algumas condutas são bastante semelhantes às dos pais, enquanto outras são bastante diferentes. É evidente que nenhum destes factores acima mencionados pode ser a causa principal na formação da personalidade, enquanto ambos os factores serão eficazes em conjunto na formação do comportamento. [40]

De acordo com o acima exposto, o carácter do clone precisa de ser analisado:
a pessoa simulada tem um comportamento exactamente igual ao do seu próprio forncocdor do células? Os comportamentos são equivalentes aos genes e cópias dos genes para que a pessoa simulada seja exactamente o mesmo que o seu original (fornecedor de células)?

É evidente que mesmo gémeos idênticos não apresentam comportamentos completamente semelhantes. Os gémeos, apesar de crescerem simultaneamente num útero podem ter posições diferentes

---

[39] Lewontin R. C. The Tanner Lectures on Human Values. 1982.p.164
https://tannerlectures.utah.edu/_documents/a-to-z/l/lewontin83.pdf

[40] Scarr Sandra, MC Cartney Kathleen, How people make their Own Environments: Uma teoria dos Efeitos Genótipo-Ambientais. 1983. pp.433-4
 https://www.jstor.org/stable/pdf/1129703.pdf

que os fazem crescer individualmente. Além disso, após o nascimento podem encontrar eventos ou fazer experiências individuais, reagindo assim de forma diferente.

Esta situação é mais complicada em pessoa simulada, uma vez que o ambiente do útero em que os dois são cultivados é díspar em momentos diferentes, bem como a diferença no ambiente cultural e social que experimentam. Portanto, é mais racional considerar os gémeos idênticos como uma só personagem, mas haverá alguém que possa afirmar que são uma só pessoa e tratá-los de forma semelhante?

A personalidade e consequentemente os traços genéticos do gene não podem ser copiados na pessoa simulada; o clone está em processo de desenvolvimento e é influenciado pelo ambiente e condições que não são as mesmas que o ambiente em que é desenvolvido e estas condições podem não ser iguais e nunca podemos fornecer factores ambientais semelhantes para os seres humanos simulados. Consequentemente, a simulação de pessoas como Hitler e Einstein é uma mera ilusão.

Capítulo quatro:

Alma da perspectiva do Alcorão

A: Criação a partir de diferentes ângulos

A simulação humana interfere com a criação de Deus ou é considerada em categorias como a invenção de aviões ou electricidade?

Uma das opiniões divergentes da simulação humana e do boicote é que a clonagem é considerada uma interferência nos assuntos de Deus. O Papa Jean-Paul dirige-se àqueles que seguem a simulação humana: *Estão convencidos de que o seu projecto é melhor do que o criador da humanidade, o que quer dizer que lhes é permitido ir além dos limites humanos.* [41]

William Maastricht, no caso da simulação, diz:

Esforçamo-nos por nos tornarmos Deus através desta tecnologia e tem sido uma tentação constante estar na posição de Deus.

 Os estudiosos sunitas que proibiram a simulação consideram-na como criação. Na declaração final da Assembleia da Revolução Islâmica, eles declaram: Deve afirmar-se que estas operações e outras semelhantes não são consideradas criação ou parte dela. [42]

'' *diz Deus Todo-Poderoso: Será que os politeístas tentaram imitar Deus na criação?!*

Digamos, Deus Todo-Poderoso (Alá) é o único criador poderoso no mundo. '' [43]

[41] Eslami Hasan, Mohaghegh Damad, Mostafa, Cloning from the view of jurisprudence and ethnics, Medicine Rights Quarterly, Beheshti University press, First Edition, Fall 1386.p.84
[42] Ibid.pp. 84-86
[43] Sura Ar-Raad, Verso 16
"ام جعلوا لله شركاء خلقوا كخلقه فتشابه الخلق عليهم قل الله خالق كل شىء شىء و. "هو الواحد القهار

A-1: Diferentes tipos de criação

Para melhor compreender os versos, a criação e as suas diferentes implicações desde o início deve ser abordada:

A: Criação de objectos por inexistência

B: criação a partir de um material previamente criado ou *apreciação*

Alguns linguistas argumentam que o termo "criação" tem sido utilizado nas duas definições acima mencionadas, enquanto alguns sustentam que "criação" enfatiza a "geração com uma qualidade especial", portanto o princípio da criação significa pôr os objectos em ordem. Ao contrário da palavra criação, cujo objectivo é inventar a existência de tal forma que ela não existia antes, o autor de Al-Mizan considera a criação como reunindo objectos, ou seja, o que já existiu e os seus componentes estão a ser organizados. [44]

Dado este significado literário e terminológico, pode estar implícito que o termo "criação" no Alcorão é utilizado como segundo significado e estamos confrontados com duas categorias de versos:

Primeiro grupo: Versos que afirmam "Deus é o único Criador de tudo:"[45] *"Criámos para vós todos os que existem na Terra"* (Alá, o Criador da Nossa Fé)[46] "Alá é o Criador da Terra e do Céu e criou os céus e a terra em seis dias. [47]

 O segundo grupo consiste em versos que não consideram Deus o único criador, na medida em que o significado da criação no versículo 14 Surah Al-Muminun[48] , Deus diz: "Fatrabark Allah Ahsan al Khaleqin", significando "Fatrabark Allah Ahsan al Khaleqin": Ele é o melhor criador, infere-se que

---

[44] Tabatabayee Seyed Mohammad Hossein, Almizan fi Tafsir Quran, 1281-1360. Vol 20. P.671

[45] Sura Al-Baghara Verso 29

هُوَ الَّذِي خَلَقَكَ مَا فِي الْأَرْضِ جَمِيعًا ثُمَّ اسْتَوَى إِلَى السَّمَاءِ فَسَوَّاهُنَّ سَبْعَ سَمَاوَاتٍ وَهُوَ بِكُلِّ شَيْءٍ عَلِيمٌ

[46] Sura Al-Forghan , verso 2

الَّذِي لَهُ مُلْكُ السَّمَاوَاتِ وَالْأَرْضِ وَلَمْ يَتَّخِذْ وَلَدًا وَلَمْ يَكُنْ لَهُ شَرِيكٌ فِي الْمُلْكِ وَخَلَقَ كُلَّ شَيْءٍ فَقَدَّرَهُ تَقْدِيرًا

[47] Sura Al- Forghan , verso 59

الَّذِي خَلَقَ السَّمَاوَاتِ وَالْأَرْضَ وَمَا بَيْنَهُمَا فِي سِتَّةِ أَيَّامٍ ثُمَّ اسْتَوَى عَلَى الْعَرْشِ الرَّحْمَنُ فَاسْأَلْ بِهِ خَبِيرًا

[48] ثُمَّ خَلَقْنَا النُّطْفَةَ عَلَقَةً فَخَلَقْنَا الْعَلَقَةَ مُضْغَةً فَخَلَقْنَا الْمُضْغَةَ عِظَامًا فَكَسَوْنَا الْعِظَامَ لَحْمًا ثُمَّ أَنْشَأْنَاهُ خَلْقًا آخَرَ فَتَبَارَكَ اللَّهُ أَحْسَنُ الْخَالِقِينَ

a criação não é específica de Deus e num outro versículo ele afirma: Eu crio algo como um pássaro" a partir do solo. [49]

Portanto, poder-se-ia concluir que o primeiro significado da criação é especial para Deus, uma vez que os seres humanos não criam nada por inexistência, ou seja, no que diz respeito às invenções ou inovações humanas, o ser humano é incapaz de criar a substância primária.

Consequentemente, a criação no segundo sentido (a disposição e recolha dos componentes de algo que existia anteriormente) não é exclusiva de Deus, e Deus deu ao homem o poder se acompanhado de lógica e força de vontade pode fazer o mesmo, daí que a clonagem não é criação, mas sim um acto de manipulação nas criaturas que Deus criou. Este acto é semelhante à inseminação artificial e o homem é o fornecedor do equipamento, mas a causa final na geração é Deus. [50]

Portanto, um geneticista é apenas um meio para este tipo de criação, uma vez que o seu trabalho se baseia na célula que é a criação de Deus, tal como um agricultor que planta os grãos e os rega, depois as sementes crescem e transformam-se em culturas.

O Alcorão Sagrado diz: Alguma vez reflectiu sobre o que planta? É você quem cultiva ou é o nosso trabalho? [51]

Também para o nascimento da criança, os pais têm um papel mediador no nascimento da criança, e ninguém considera os pais como o criador da criança.

A este respeito, Mousavi Bojnourdi afirma que o verso 13 Surah Al-Hujurat[52] , se refere normalmente ao facto de os seres humanos serem provenientes da combinação de esperma e óvulo, ou seja, somos da criação de Alá. Apenas nos é permitido produzir outro ser humano que

---

[49] انى اخلق لكم من الطين كهى الطير الطير Sura Al Imran Verso
49
[50] Davoudi Maryam, Salar zayee Amir Hamzeh.Clonagem humana na Shia Jurisprudence. 1387=2008.p. 3
[51]Surah Al-Waqiah verso 63,64   افرايتم ما
تحرثون ا انتم تزرعونه ام نحن الزارعون؟
[52] Surah Al- Hojorat, versículo 13 "Criamo-lo a partir de um homem e uma mulher
'يَا أَيُّهَا النَّاسُ إِنَّا خَلَقْنَاكُم مِّن ذَكَرٍ وَأُنثَى

ainda é a criatura de Deus e, na nossa geração, não somos independentes. [53]

E criámos o homem a partir de um extracto de solo, depois colocámo-lo num porto seguro (útero). Ele passou algum tempo até que o vestimos com carne e depois o cobrimos com ossos. Depois disso, demos-lhe uma nova criação. Tão grande é Deus, que é o melhor criador. [54]

A primeira criação explica as etapas da criação material [55]e o objectivo da última criação é a criação da humanidade que é a mesma que a alma humana e O ser humano não pode produzir a alma através da clonagem ou de qualquer outra forma. As exigências da vida animal são produzidas, mas Deus é quem nos dá a alma. [56]

- Seyyed Mohsen Mousavi Tabrizi também não considera o nascimento deste homem a intrometer-se na criação, mas também acredita que Deus permitiu ao homem descobrir os mistérios da natureza e usá-los em seu benefício. [57]

Mortaza Motahhari declara: "Se o ser humano atinge tal objectivo e consegue descobrir os segredos e a criação de entidades vivas e obtém todas as condições materiais e componentes dos seres vivos e produz o mesmo que a matéria viva natural, ele fez descobertas significativas. Mas em termos de interferência na criação da vida, ele tem o mesmo envolvimento que os pais interferem com o desenvolvimento da criança através da reprodução ou o agricultor intervém no desenvolvimento dos grãos de trigo, em nenhum caso o homem é o criador. [58]

Como já foi referido anteriormente, a alma como agente importante no ser humano tem um papel significativo.

---

[53] Salary Hasan, Human Cloning, Hakiman publicaiotn, 1382.p.35
[54] Versos 12-14 Surah al-muminun

وَلَقَدْ خَلَقْنَا الْإِنْسَانَ مِنْ سُلَالَةٍ مِنْ طِينٍ

ثُمَّ جَعَلْنَاهُ نُطْفَةً فِي قَرَارٍ مَكِينٍ

ثُمَّ خَلَقْنَا النُّطْفَةَ عَلَقَةً فَخَلَقْنَا الْعَلَقَةَ مُضْغَةً فَخَلَقْنَا الْمُضْغَةَ عِظَامًا فَكَسَوْنَا الْعِظَامَ لَحْمًا ثُمَّ أَنْشَأْنَاهُ خَلْقًا آخَرَ فَتَبَارَكَ اللَّهُ أَحْسَنُ الْخَالِقِينَ

[55] De acordo com o Alcorão: o ser humano tem duas vidas: a vida material e a vida humana
[56] Ibid. p.36
[57] Pour Ghahremani Babak, A view to Human cloning, 1388.
http://www.hawzah.net/fa/article/view/82524
[58] Rabani Mohammad, View to matters concerning human cloning in Motahari writings, 1387.p.137

Os cientistas muçulmanos não tendem a mostrar unanimidade nesta matéria, pelo que as suas discordâncias contribuem para a emergência de um debate desafiante entre eles. [59]

Abaixo está uma discussão relacionada com a simulação na literatura islâmica que pode ser benéfica para a revisão:

Pergunta: Antes do caso da clonagem humana, todas as religiões do mundo a consideravam como ingerência nos assuntos de Deus, enquanto que a clonagem pode ser útil para acreditar ou negar Deus. Caso o projecto de clonagem seja bem sucedido, a alma será incerta e subsequentemente a existência da religião e muitas das questões relacionadas serão ambíguas. Ao mesmo tempo, se não conseguirmos simular, podemos provar que a alma é exclusivamente criada por Deus.

Resposta: No processo de simulação, o que acontece é o que já existia na natureza. Por exemplo, os gémeos homogéneos são seres naturalmente replicados, porque na formação de células gémeas, são criadas duas células semelhantes que têm um armazenamento genético semelhante. Na simulação, a célula mãe é colocada numa condição que, de acordo com as regras normais, se torna uma célula fetal.

Os seres humanos não criam água quando misturam oxigénio e hidrogénio num recipiente, mas simplesmente utilizam as regras existentes na natureza, descobrindo e fornecendo as condições. Do mesmo modo, quando um agricultor, lavrando, moendo, pulverizando e regando as sementes, lhes proporciona condições para crescerem de acordo com as regras da natureza. Todos estes exemplos são possíveis do acordo com as regras que Deus nos proporcionou.

É perceptível que a criação está a dar vida, não a proporcionar condições para as regras existentes na natureza. No caso de a humanidade ser capaz de criar as regras naturais, poder-se-ia afirmar que os seres humanos fazem criação. Os seres humanos podem descobrir as regras

[59] http://sokhanha.ir/wp-content/uploads/2014/07/%D8%A7%D9%86%D8%B3%D8%A7%D9%86-%D8%B4%D9%86%D8%A7%D8%B3%DB%8C-%D8%8C%D8%B4%D8%A8%DB%8C%D9%87-%D8%B3%D8%A7%D8%B2%DB%8C-%D8%A7%D9%86%D8%B3%D8%A7%D9%86-%D9%88-%D8%A7%D8%AB%D8%A8%D8%A7%D8%AA-%D8%B1%D9%88%D8%AD.htm

da criação e, ao proporcionar condições, transmitir as leis da natureza àquele que as deseja.

Suponhamos que um dia, os humanos poderiam gerar seres vivos, poderíamos negar a existência da alma ou de Deus?

Quer uma célula cresça no laboratório ou no útero, o resultado que é um ser humano terá uma alma. A existência de alma não se preocupa com quem criou o ser vivo ou em que condições foi criado.

A razão pela qual os Estudiosos de várias religiões se opõem à simulação não se deve à interferência nos assuntos de Deus, uma vez que ninguém o pode fazer. A obra de Deus é a criação das criaturas a partir da não-existência e o estabelecimento de certas regras entre elas. Descobrir as leis de Deus e aplicá-las não é considerado interferir nos seus assuntos, caso contrário, uma formiga também interferiria nos actos de Deus. Porque todas as criaturas, utilizando as regras de Deus, estão a trabalhar para os seus benefícios.

A objecção dos estudiosos religiosos no debate sobre a clonagem é outra questão que infelizmente é negligenciada. Eles afirmam que, se os cientistas humanos quiserem simular, nascerá uma criança que tem uma mãe mas não um pai, portanto, a comunidade humana será caótica.

 O que os estudiosos discordam não é a simulação em si, mas a clonagem humana pode causar problemas irrecuperáveis. Opõem-se à simulação de humanos, uma vez que interage com as normas humanas e coloca a humanidade em grande risco, enquanto concordam com as simulações de animais. [60]

B: O Espírito no Alcorão

A palavra espírito no Alcorão foi repetida 21 vezes com significados diferentes, mas o que será discutido é a alma do homem que Deus no

---

[60] http://sokhanha.ir/wp-content/uploads/2014/07/%D8%A7%D9%86%D8%B3%D8%A7%D9%86-%D8%B4%D9%86%D8%A7%D8%B3%DB%8C-%D8%8C%D8%B4%D8%A8%DB%8C%D9%87-%D8%B3%D8%A7%D8%B2%DB%8C-%D8%A7%D9%86%D8%B3%D8%A7%D9%86-%D9%88-%D8%A7%D8%AB%D8%A8%D8%A7%D8%AA-%D8%B1%D9%88%D8%AD.htm

Sagrado Alcorão lhe atribuiu a sua fonte e origem e a considera divina. [61]
Abaixo estão alguns destes versos:

No 62versículo 29 Surah Al-Hijr

diz Alá: Quando tudo estiver feito e eu mergulhar a minha alma nele, prostrai-vos por ele como respeito.

O pronome "Ele" refere-se ao Adão e Deus Todo-Poderoso está a dirigir-se aos anjos para prostrar Adão quando ele é criado, uma vez que Deus fez para ele uma criatura com a sua própria alma.

No versículo 14 Surah Al-Mu'minun [63]

" □□□□□□□□□ ثُمَّ أَنشَأْنَاهُ خَلْقًا ءَاخَرَ فَتَبَارَكَ اللَّهُ أَحْسَنُ

Isto significa que Deus deu às suas criaturas (Humanos) outra criação, diferente das outras. No versículo 85 Surah Al-Isra[64] , quando vos perguntam sobre alma, dizei: "A alma é do comando do meu senhor e excepto um pouco de conhecimento, não vos é dado! Neste versículo, a origem e a fonte do Espírito de Deus é separada como criação divina.

Allameh Tabatabai afirma que a outra geração[65] é utilizada onde não há graduação, o que significa que algo que não é de materiais ou que não lhe diz respeito, portanto espírito que é de Deus e que não está relacionado com nenhum tempo ou lugar determinado é uma criatura dependente e goza de poder de escolha e de vontade. [66]

No versículo 9 de Sura As-Sajdah[67] , diz Deus: Primeiro criou o seu corpo e depois equipou-o com o espírito e forneceu-o com os olhos, ouvidos e outros órgãos, mas pouco graças aos seus favores.

---

[61] No Alcorão, versos tais como 29 Al-Hijr, 14 Al-Mu'minun, 85 Al -Isra, 91 Al-Anbya, 9 As-Sajdah, 12 Al-Tahrim, o Espírito é considerado como Origem Divina.
[62] فَإِذَا سَوَّيْتُهُ وَ نَفَخْتُ فِيهِ مِن رُوحِى فَقَعُواْ لَهُ سَاجِدِين
[63] Esta criação distingue-se de outras criações no sentido de que Deus criou o Homem e lhe deu a sua própria alma que é perceptível e Deus é o melhor criador de sempre.
[64] وَيَسْأَلُونَكَ عَنِ الرُّوحِ قُلِ الرُّوحُ مِنْ أَمْرِ رَبِّي وَمَا أُوتِيتُمْ مِنَ الْعِلْمِ إِلَّا قَلِيلًا
[65] O termo "Amr" aqui refere-se à coisa ou criação que é livre de materialismo e tem essência divina
[66] Tabatabayee Mohammad Hussein, Al-Mizan fi Tafsire al Quran, vol13, 1417, p.197
[67] ثُمَّ سَوَّاهُ وَنَفَخَ فِيهِ مِنْ رُوحِهِ وَجَعَلَ لَكُمُ السَّمْعَ وَالْأَبْصَارَ وَالْأَفْئِدَةَ قَلِيلًا مَا تَشْكُرُونَ

Quando o Imã Sadiq (que a paz esteja com ele) foi inquirido sobre a alma que Deus criou no corpo de Adão, Ele respondeu: Deus forneceu tanto Adão como o Jesus com o seu espírito e quando Deus atribui Adão a si próprio é o mesmo que diz que *Kaba* é a minha casa.

Consequentemente, a origem da alma pertence a Deus Todo-Poderoso que é uma entidade independente que goza de conhecimento e vontade e a diferenciação nas criaturas humanas não o pode negar.

C: A distinção entre métodos de criação

A diferença na qualidade da criação e do nascimento humano não resulta em falta de alma. Isto é tão óbvio que ninguém duvida da entidade da alma em Adão, Jesus ou outros humanos e a divergência observada na nossa criação não é uma razão para a ausência de alma. O clone só é diferente na qualidade da sua criação com outros seres humanos, enquanto que todos eles estão equipados com alma. A Criação de Jesus é a mesma que Adão "quando Deus ordenou que ele fosse e depois ele (Adão) foi criado, nós criámo-lo a partir da lama". [68]

Implica, a partir do versículo, que o que Deus significa da criação é que a criação de Jesus é semelhante à de Adão e a qualidade da criação de Adão foi que o Criador recolheu partes do solo e depois ordenou que ele "fosse", e o solo na forma e maneira de um humano de pleno direito foi evoluído sem ter um pai".

Allameh Tabatabaei declara: "Pelo conteúdo deste versículo, é interpretado que a criação de Jesus é semelhante à criação de uma pessoa natural, embora a tradição divina em gerações seja que todos na sua evolução precisam de um pai. [69]

Com referência ao verso acima mencionado, não se pretende comparar o clone com Cristo, referindo-se assim às diferenças de qualidade da criação. A distinção entre a criação de Adão, Eva, Jesus, clone e outros seres humanos que por contacto sexual dos pais nascem, reside apenas nos tipos de criação. Não é razão para provar a divindade nem o clone é uma pessoa[70] menor, uma vez que a diferença na qualidade da criação

---

[68] Sura Al-Imran, Verso 59 : إِنَّ مَثَلَ عِيسَى عِندَ قَ اللَّهِ كَمَثَلِ ءَادَمِمِن خَلَّهُ تُرَابٍ ثُمَّ قَاسَه لَهُ كُن فَيَكُونُ

[69] Tabatabayee Seyed Mohammad Hossein, Almizan fi Tafsir Quran, 1281-1360.vol 3.p.213
[70] Algumas pessoas acreditam que uma simulação será tratada como um ser humano menor, proibindo assim esta prática. Segundo o Verso 13, Sura Hojorat: o único privilégio

não faz perder a fé na sua alma e que eles são réplicas dos seus doadores. A hierarquia divina entre os seres humanos não está na cor, na moda, no modo do seu nascimento ou nas diferenças físicas, mas na piedade que regressa à alma.

Abayee Khorasani defende que "as diferentes criações de Adão, Eva e Jesus não se opõem de forma alguma aos fundamentos da criação ou do Islão. Uma vez que Deus estabeleceu a criação de Adão e Eva sem pais, bem como de Jesus que nasceu sem pai e é considerado um dos milagres de Deus". [71]

D:Alma e a necessidade da Ressurreição

Será a justiça divina e a ressurreição uma razão para a existência do no ser humano?

O único ponto comum entre um humano simulado e o seu doador é a ligação física e genética e esta semelhança não é nem uma prova de inexistência de alma nem de gozar de uma alma comum.

A alma humana é feita de identidade, realidade e personalidade e o mundo foi criado para ela e o Além será criado para ela. O corpo humano age como um meio através do qual os seres humanos recebem uma série de prazeres e castigos e sem ele, a alma não alcança a perfeição.[72] Por conseguinte, qualquer cadáver tem um aspecto de ferramenta que coopera com a alma e é a mera justiça e equidade.

Mais de um terço dos versos aborda a ressurreição e a vida eterna do homem e vários assuntos como a necessidade de acreditar no futuro, as consequências da negação da ressurreição, bênçãos eternas, castigos eternos e as consequências do bem e do mal. [73]

Os versos do Alcorão Sagrado podem ser divididos em várias categorias:

---

que as pessoas gozam é devido à sua piedade que não está relacionada com o método ou condições de nascimento.

[71] Pour Ghahremani Babak, A view to Human cloning, 1388.
http://www.hawzah.net/fa/article/view/82524

[72] http://www.hawzah.net/fa/Article/View/3389/%D8%B1%D9%88%D8%AD-%D8%A7%D9%86%D8%B3%D8%A7%D9%86

[73] Mesbah Yazdi Mohammad Taqi, Islamic Ideology Training, vol3, 1384. P.11

D-1:Versos que implicam a necessidade da Ressurreição

A primeira categoria consiste em versos que enfatizam a necessidade da Ressurreição e que A Ressurreição do Dia não pode de forma alguma ser repudiada, como no versículo 87 Surah An-Nisa , [74]

"'Alá - não há nenhuma Divindade a não ser Ele. Ele irá certamente reunir-vos para [conta] o Dia da Ressurreição, sobre o qual não há dúvida. E quem é mais verdadeiro do que Deus em declaração". [75]

D-2: Instâncias tangíveis e idênticas à Ressurreição

Esta categoria inclui versos que se referem a fenómenos semelhantes à ressurreição, como por exemplo:

O versículo 19 do Surah Ar- Rum refere-se ao crescimento das plantas. Ele extrai a vida da morte e extrai a morte da vida e revive a terra após a sua morte e, desta forma, será trazido à luz. [76]

No verso 260 Al-Baqarah sobre a[77]vida do animal: "E (lembrem-se) quando Abraão disse: "Ó Alá! Mostra-me como darás vida aos mortos? "Ele disse:" Não acreditaste? "Ele disse:" Sim, mas eu quero que o meu coração se acalme. "Ele disse:" Neste caso, quatro tipos de pássaros escolhem! E cortem-nas (e abatam-nas)! Depois parte dela em cada colina, depois chama-as, elas vêm ter contigo à pressa! E Deus é exaltado em força e sabedoria (Ele está ciente das partículas do corpo dos mortos, e Ele tem a capacidade de as recolher).

D-3: Ressurreição Mundana

Os versículos 67[78] e 73[79] de Surah Al-Baqarah referem-se à ressurreição de alguns seres humanos neste mundo: "E lembra-te quando Moisés disse ao seu povo, Deus ordena-te que abates um gado para carne (e toca um pedaço do seu corpo ao morto para divulgar o seu assassino),

---

[74] اللَّهُ لا إِل إِلَـهَ إِلاَّ هُوَ لَيَجْمَعَنَّكُمْ إِلَى يَوْمِ الْقِيَامَةِ لاَ رَيْبَ فِيهِ وَمَنْ أَصْدَقُ مِنَ اللَّهِ حَدِيثًا

[75] https://quran.com/4

[76] يُخْرِجُ الْحَيَّ مِنَ الْمَيِّتِ وَيُخْرِجُ الْمَيِّتَ مِنَ الْحَيِّ وَيُحْيِي الأَرْضَ بَعْدَ مَوْتِهَا وَكَذَلِكَ تُخْرَجُونَ

[77] وَإِذْ قَالَ إِبْرَاهِيمُ رَبِّ أَرِنِي كَيْفَ تُحْيِي الْمَوْتَى قَالَ أَوَلَمْ تُؤْمِنْ قَالَ بَلَى وَلَكِنْ لِيَطْمَئِنَّ قَلْبِي قَالَ فَخُذْ أَرْبَعَةً مِنَ الطَّيْرِ فَصُرْهُنَّ إِلَيْكَ ثُمَّ اجْعَلْ عَلَى كُلِّ جَبَلٍ مِنْهُنَّ جُزْءًا كَّه ادْعَهُنَّ يَأْتِينَكَ سَعْيًا وَاعْلَمْ أَنَّ اللَّهَ عَزِيزٌ حَكِيمٌ

[78] إِذْ قال إن موسى القومه قال الله يأمركم أن تذبحوا بقرة قالوا أ تتخذنا هزوا قال أعوذ بالله أن أكون من الجاهلين

[79] فَقُلْنَا اضْرِبُوهُ بِبَعْضِهَا كَذَلِكَ يُحْيِي اللَّهُ الْمَوْتَى وَيُرِيكُمْ آيَاتِهِ لَعَلَّكُمْ تَعْقِلُونَ

disseram eles: Estás a gozar connosco? respondeu ele: Eu procuro o refúgio de Deus da ignorância.

D-4: *Justiça e Ressurreição*

Versos que implicam racionalidade sobre a necessidade do Dia da Ressurreição; versos 21 e 22 de Surah "Jathia" [80](s):

Os crentes e os não crentes são os mesmos? Aqueles que fizeram o bem e o mal são iguais para nós? Será que têm vida e morte semelhantes? Ignorantes são eles! Que mal julgam eles! E Deus criou os Céus e a Terra igualmente e o homem será recompensado de acordo com os seus feitos.

Também, segundo o Verso 115 Surah Al-Mu'minun[81] , a criação do humano é lógica e todos nós seremos devolvidos a Deus após a morte.

Pensa que o criámos sem rumo, e que não seria enviado de volta para nós?

Segundo o Alcorão Sagrado, a necessidade de O Dia da Ressurreição, ou seja, os humanos vivem no futuro, onde são convocados para as consequências das suas acções mundanas no tribunal de justiça divina, é incontroversa.

Há alguns argumentos que dois deles são brevemente explicados para provar O Dia da Ressurreição. Os argumentos Fitrah[82] significam que a natureza do ser humano exige viver eternamente e detesta a vida temporária. Em algumas pessoas, Fitrah é mais forte, uma vez que a fortaleceram, enquanto que em muitas pessoas é de papel mais fraco. Por exemplo, algumas pessoas acreditam em Deus e são religiosas, enquanto que algumas são ateias.

Os argumentos da justiça são para provar o Dia da Ressurreição que consideram Deus como a origem da justiça. Deus Todo-Poderoso é absolutamente justo e a sua criação é baseada na justiça e equidade. Imã Ali (que a paz esteja com ele) define a justiça como a ordem das coisas e é possível quando tudo se baseia numa regularidade razoável. Segundo

---

[80] أم حسب الذين عجمحوا السيات السيات أن نجعلهم سواء كالذين امامناوا و عملوا عملوا الصيتاق سواء محيحمن و مماتهم ما يحكمون

[81] أَفَحَسِبْتُمْ أَنَّمَا خَلَقْنَاكُمْ عَبَثًا وَأَنَّكُمْ إِلَيْنَا لَا تُرْجَعُونَ

[82] Fitrah é uma característica essencial que todos os seres humanos encontram per se em todas as idades e não necessita de treino

a justiça de Deus, ninguém deve ser oprimido, enquanto a vida mundana é transitória e o homem não pode obter a consequência dos seus actos de forma completa. Algumas pessoas fiéis sofrem no mundo, enquanto alguns maliciosos morrem antes de conhecerem os resultados dos seus actos. Consequentemente, o dia da Ressurreição é necessário.

Suponha que o humano simulado é uma cópia do seu doador, o regresso de uma alma em dois corpos será necessário e a responsabilidade dos actos simulados será um fardo para o doador. De acordo com a justiça de Deus, ter almas distintas para o clone e o seu doador é obrigatório, caso contrário uma pessoa precisa de ser responsável pelas acções dos outros, o que não é justo.

Conclusão:

Embora a questão da clonagem humana, daí o seu comportamento, responsabilidades, direitos e deveres tenha sido abandonada pelos problemas que coloca entre diferentes grupos, especialmente as clergies[83] , temos testemunhado diferentes tópicos de interesse que podem ser abordados no caso de os fardos serem removidos.

 Do ponto de vista psicológico, uma pessoa simulada não pode ser considerada uma cópia do seu doador devido ao facto de a pessoa simulada ser de uma personalidade independente. De acordo com as revelações relativas à criação, é óbvio que os cientistas não conseguem inventar qualquer criação humana, mas apenas descobrir um novo método no nascimento humano que não implica a perda da alma. Quanto à ressurreição que é objecto de justiça e sabedoria divina, a pessoa principal e a sua simulada são dois indivíduos diferentes com dois corpos e duas almas, caso contrário será necessário o regresso da alma a dois corpos, o que é contrário à equidade e à justiça divina.

Dado que o clone tem uma alma e personalidade independentes, está sujeito a uma visão futurista dos seus direitos e obrigações que precisam de ser discutidos e, em última análise, legislados, ou seja, novas regras considerando as suas condições podem ser legisladas.

Embora a maioria das pessoas não tenha tendência a mostrar uma atitude positiva em relação à clonagem, esta é de grande importância na medicina, que em breve ou tardiamente deverá ser abordada, e também de valores elevados em termos de benefícios e conhecimentos que em breve encontrarão a sua posição na sociedade humana.

---

[83] Uma pesquisa mostra que quanto mais as pessoas prestam o seu serviço religioso, mais forte é a sua oposição à clonagem.
http://jetpress.org/volume13/bainbridge.html

Bibliografia

Livros e Artigos

1-Holy Quaran por Makarem Shirazi NaserTranslation, Segunda Edição, Dar al-Quran press, Qum, 1373

2- Nobakht, Mohammad.Moradi Ehsan, Clonagem humana dos pontos de vista de diferentes religiões, 1385

3- Eslami Hasan, Mohaghegh Damad, Mostafa, Cloning from the view of jurisprudence and ethnics, Medicine Rights Quarterly, Beheshti University press, First Edition, Fall 1386

4- Ameri Nia,Muhamad Bagher, Cloning in the mirror of Jurisprudence, ethnic and Law, Rahe Sabz ,1386.

5- Sadeghi Mahmood ,Simulação do ponto de vista das Religiões Celestiais e levantamento do ponto de vista da Jurisprudência no Direito e na filosofia, Samt publicaitons.1383

6- Khalife poor Mianji Maryam, Razi Mahdi, Estudo comparativo da simulaiton humana a partir dos pontos de vista dos xiitas e sunitas. Jornal Trimestral de Investigação Jurídica.1394.

7- Janati Mohammad Ibrahim, Conversas com o Ayatollah Mohammad Ibrahim Jannati, Quarterly Jurisprudence - A new Survey in Jurisprudence, No 46

8- Tabatabayee Mohammad Sadegh, Mir Ahmadi Maryam, Estudo da sentença prática de clonagem humana n.º 7

9- Musavi Bojnourdi Seyed Mohammad, Opiniões judiciais sobre inseminação artificial, Colecções de veredictos judiciais sobre assuntos jurídicos, Qum, Centro de Investigação de Jurisprudência - Deputado de Educação e Investigação do Poder Judiciário, Volume 1, Primeira Edição, 1381

10- Eslami Hasan, Human cloning from the view of Catholics ,Seven Skies Journal, 1388

11- Atkinson Ricahrd, Hilgards Ernest, Introduciton to Psychology, 1383.vol second.p.104. Tradução de Dr.Ganji

12- Lewontin R. C. The Tanner Lectures on Human Values. 1982

13- Scarr Sandra, MC Cartney Kathleen, How people make their Own Environments: Uma teoria dos Efeitos Genótipo-Ambientais. 1983.

14- Tabatabayee Seyed Mohammad Hossein, Almizan fi Tafsir Quran, 1281-1360. Vol 20

15- Davoudi Maryam, Salar zayee Amir Hamzeh.Clonagem humana na Shia Jurisprudence. 1387

16- Salary Hasan, Human Cloning, Hakiman publicaiotn, 1382

17- Pour Ghahremani Babak, A view to Human cloning, 1388.

18-Rabani Mohammad, View to matters concerning human cloning in Motahari writings, 1387.

19- Tabatabayee Seyed Mohammad Hossein, Almizan fi Tafsir Quran, 1281-1360.vol 3.

20- Mesbah Yazdi Mohammad Taqi, Islamic Ideology Training, vol3, 1384

21- Navidi Muqadam Masoud, Pychology ou a ciência do Ego

22- Ahmadi Ali Asqar, Personalidade do ponto de vista islâmico, Amir Kabir Publication,Primeira Edição,1368

23- Tabatabayee Seyed Mohammad Hossein, Almizan fi Tafsir Quran, 1281-1360.vol 13

24- Ahmad Khan Beygy Khadijeh, Mazaheri Mohammad Mahdi .Clonagem Humana e as Autoridades Religiosas Views,Journal Ilahiat,No 5,- 1387

Recursos da Internet

1- https://www.dnalc.org/view/16992-Cloning-101.html

2- Sir John Gurdon: Padrinho da Clonagem. The Rockefeller University Press, n.d. Recurso na Internet. https://www.ncbi.nlm.nih.gov/pmc/articles/PMC2315664/

3-	https://www.scientificamerican.com/article/20-years-after-dolly-the-sheep-led-the-way-where-is-cloning-now/

4-https://www.cbsnews.com/news/eve-first-human-clone/

5-	http://raelian-truth.blogspot.de/2017/07/raelpressorg-scrubs-clonaid.html

6-

http://www.parsine.com/fa/news/20817/%D9%86%DA%AF%D8%A7%D9%87%DB%8C-%D8%A8%D9%87-%D9%BE%D8%AF%DB%8C%D8%AF%D9%87-%D8%B4%D8%A8%DB%8C%D9%87-%D8%B3%D8%A7%D8%B2%DB%8C-%D8%A7%D9%86%D8%B3%D8%A7%D9%86-%D8%A7%D8%B2-%D8%AF%DB%8C%D8%AF%DA%AF%D8%A7%D9%87-%D8%A7%D8%B3%D9%84%D8%A7%D9%85%DB%8C

7- https://bioethicsarchive.georgetown.edu/nbac/pubs/cloning2/cc5.pdf

8-
http://www.hawzah.net/fa/Article/View/3389/%D8%B1%D9%88%D8%AD-%D8%A7%D9%86%D8%B3%D8%A7%D9%86

9-

 http://jetpress.org/volume13/bainbridge.html

Printed by Books on Demand GmbH, Norderstedt / Germany